Sabrina Brück

Referenzmodellierung und Business Process Management

Business Engineering Labor

Sabrina Brück

Referenzmodellierung und Business Process Management

Business Engineering Labor

GRIN Verlag

Bibliografische Information der Deutschen Nationalbibliothek: Die Deutsche Bibliothek
verzeichnet diese Publikation in der Deutschen Nationalbibliografie; detaillierte bibliografische Daten sind im Internet über http://dnb.d-nb.de/ abrufbar.

1. Auflage 2010
Copyright © 2010 GRIN Verlag
http://www.grin.com/
Druck und Bindung: Books on Demand GmbH, Norderstedt Germany
ISBN 978-3-640-85186-7

IWI – Institut für Wirtschaftsinformatik

Referenzmodellierung

Business Engineering Labor

Sabrina Brück
01.11.2010

Inhaltsverzeichnis

Abkürzungsverzeichnis

ARIS	Architektur integrierter Anwendungssysteme
AVE	ARIS Value Engineering
BIOFA	Betriebswirtschaftliches Institut für Organisation und Automation
BPM	Business Process Management
BPML	Business Process Modeling Language
CIMOSA	Computer Integrated Manufacturing Open System Architecture
EPK	Ereignisgesteuerte Prozesskette
GoM	Grundsätze ordnungsgemäßer Modellierung
GPM	Geschäftsprozessmanagement
JAD	Joint Application Development
KIM	Kölner Integrationsmodell
NIAM	Nijssen's Information Analysis Method
RAD	Rapid Application Development
SADT	Structured Analysis and Design Technique
SETCOM	Semantisch reicher Thesaurus für kooperatives Modellieren
SOA	Service Oriented Architecture
UML	Unified Modeling Language

Abbildungsverzeichnis

1. Einleitung

Die Bedeutung der Referenzmodellierung in Unternehmen hat seit Beginn der 1990er Jahre stark zugenommen.[1] Vor allem der Wunsch einer angemessenen Informationsversorgung, um das Unternehmen auch zukünftig erfolgreich zu führen, ist in den Vordergrund gerückt. Moderne Informationssysteme, die auf das Konzept der Referenzmodellierung zurückgreifen, bieten Unternehmen die Möglichkeit, sich flexibel an wechselnde Umfeldbedingungen anzupassen und Problemsituationen eventuell sogar vorauszusehen.

Aufgrund des hohen Innovationsbedarfs richtet sich das Hauptinteresse der Forschung immer mehr auf die Bereitstellung von verschiedenen Konzepten, die Konstruktionsprozesse unterstützen können. Einen viel versprechenden Ansatz zur Unterstützung dieser Konstruktionsprozesse stellt die Entwicklung von Referenzmodellen dar. Durch die Möglichkeit, ganze Modelle beliebig oft zu verwenden ohne sie stark zu verändern oder gar neu zu erschaffen, haben sich völlig neue Erkenntnisse entwickelt. In der Theorie sollten Referenzmodelle somit so konstruiert werden, dass sie wiederverwendbar und zugleich einfach modifizierbar sind. Allerdings ist die Umsetzung in der Praxis nicht immer ohne Probleme zu bewältigen. Für ein Unternehmen ist es meist nicht möglich, direkt ein „passendes" Referenzmodell zu finden, dass auf ihre Situation zutrifft.[2]

Durch diese Problematik entstand das Arbeitsgebiet der Referenzmodellierung, die sich zum einen mit der Realisation, Anpassung und Optimierung dieser Referenzmodelle, den damit entstehenden Problemen und deren Lösung und zum anderen auch mit Modellierungssprachen, Modellierungswerkzeugen und Modellierungsmethoden beschäftigt. Durch diese Abgrenzung des Gebietes der Referenzmodellierung wird klar, dass es sich hierbei um ein umfangreiches Konzept handelt, das viele Potentiale aufweist.

Diese Arbeit wird nun näher auf die Thematik der Referenzmodellierung eingehen, aktuelle Software und Prototypen betrachten und auch Beziehungen zu anderen Gebieten, wie beispielsweise die Geschäftsprozessmodellierung, herstellen. Die Einordnung dieser Arbeit in den Rahmen des Forschungsprojektes, welches sich mit Business Process Management (BPM) und dessen Tools beschäftigt, geschieht insofern, dass die Hauptaufgabe der Arbeit in der Definition von Anforderungen besteht, die ein BPM-Tool erfüllen muss, damit es die Referenzmodellierung unterstützen kann.

---

[1] Groß, A.: Referenzmodellierung: Klassifikationen und Beziehungen zu anderen Modellkonstruktionsansätzen, GRIN Verlag, 2009, S.1
2 Brocke vom, J.: Referenzmodellierung – Gestaltung und Verteilung von Konstruktionsprozessen, Band 4, Logos Verlag Berlin 2003, S. 2f

2. Historische Entwicklung

Bereits zu Beginn der 70er Jahre verfolgte das am BIOFA (Betriebs-wirtschaftliches Institut für Organisation und Automation an der Universität zu Köln) entwickelte Kölner Integrationsmodell (KIM)[3] die Leitidee der Referenzmodellierung. Diese Leitidee früher wie auch heute besteht darin, dass allgemeine Unternehmensmodelle zur Unterstützung der Gestaltung verschiedenster Unternehmen in verschiedenen Bereichen entwickelt werden.[4]

Von einem Referenzmodell wurde allerdings zur damaligen Zeit noch nicht gesprochen, stattdessen ist von der Entwicklung eines „allgemeingültigen Modells für ein integriertes Datenverarbeitungssystem"[5], einem „Grund-modell"[6] oder einer „Modellvorlage"[7] die Rede.

Die Erwartungen an das Kölner Integrationsmodell waren sehr hoch, allerdings konnte KIM die Hoffnungen auf einen innovativen Impuls nicht erfüllen. Somit kam es in der Forschung zunächst zu einem Stillstand. Erst seit dem Aufkommen der unternehmensweiten Datenmodellierung in den 80ger Jahren begannen sich erste wichtige und zentrale Aspekte der heutigen Referenz-modellierungsforschung herauszubilden.[8] Die Anzahl vorgeschlagener Modelle für verschiedene Domänen nahm immer weiter zu. Dies führte zu einer stärkeren Reflektion von Methoden zur Konstruktion und Nutzung von Referenzmodellen und somit etwa im Jahr 1990 zur Etablierung des Forschungsgebiets der Referenzmodellierung.

Seit 1997 findet jährlich die Tagung „Referenzmodellierung" statt, woran zu erkennen ist, dass das Interesse zunehmend wächst. Die Tagung gilt in der Referenzmodellierungs-Gemeinschaft mittlerweile als echte Institution, in deren Rahmen neueste Erkenntnisse aus Forschung und Praxis diskutiert werden und die auch immer wieder Keimzelle für neue Forschungsideen ist.[9]

---

[3] Grochla, E.: Integrierte Gesamtmodelle der Datenverarbeitung: Entwicklung und Anwendung des Kölner Integrationsmodells (KIM). München, 1974

[4] Fettke P., Loos, P.: Referenzmodellierungsforschung, Wirtschaftsinformatik 46 (2004) 5, S. 331

[5] Grochla, E. et al.: Grundmodell zur Gestaltung eines integrierten Datenverarbeitungs- systems: Kölner Integrationsmodell (KIM), 1971, S. VII

[6] Grochla, E. et al.: Grundmodell zur Gestaltung eines integrierten Datenverarbeitungs- systems: Kölner Integrationsmodell (KIM), 1971, S. X

[7] Grochla, E.: Integrierte Gesamtmodelle der Datenverarbeitung: Entwicklung und Anwendung des Kölner Integrationsmodells (KIM). Wien, 1974, S. 44

[8] Fettke, P., Loos, P.: Referenzmodellierungsforschung, Wirtschaftsinformatik 46 (2004) 5, S. 331

[9] GI-Proceedings, Referenzmodellierung 2003, Münster und Frankfurt am Main

3. Grundkonzepte

3.1 Wiederverwendbarkeit

Wiederverwendbarkeit ist ein in Unternehmen häufig gebrauchter und wichtiger Begriff. Sie stellt ein Qualitätsmerkmal von Softwarebausteinen dar. Jeder Baustein, auf den das Attribut „wiederverwendbar" zutrifft, kann nicht nur im Rahmen des jeweiligen Projektes, für das er geschaffen wurde, eingesetzt, sondern auch in anderen Projekten eingebaut werden. Diese Projekte müssen nicht zwingend in direktem Zusammenhang mit dem ursprünglichen Projekt stehen (beispielsweise eine Weiterentwicklung), sondern können auch ganz unabhängig davon sein Allerdings müssen die jeweiligen Problemstellungen hinreichend ähnlich oder sogar gleich sein, damit der Baustein mehrfach verwendet werden kann.

Das Einsatzgebiet eines solchen Bausteines hängt von seiner Beschaffenheit ab. Je allgemeiner er programmiert wurde, desto häufiger kann er wiederverwendet werden, je spezifischer und komplexer der Baustein geschaffen wurde, desto unwahrscheinlicher wird es, dass der Begriff der Wiederverwendbarkeit auf diesen Baustein zutrifft.

Die Möglichkeit der Wiederverwendung kam erst mit der modularen und objektorientierten Programmierung. Diese enthalten Techniken, mit denen es möglich wurde, Generizität, d.h. Anwendung des gleichen Codes auf verschiedene Problemstellungen, zu erreichen. Moderne objektorientierte Programmiersprachen haben zur Unterstützung dieses Ziels eingebaute Sprachkonstrukte, so genannte Generics (Java) bzw. Templates (C++).

Mithilfe der Wiederverwendung können Codewiederholungen vermieden werden. Dadurch beginnt der Entwicklungsprozess nicht immer wieder von vorne sondern man kann direkt am eigentlichen Projekt einsteigen. Dies führt zu weniger Aufwand bei der Entwicklung und im Ergebnis bessere, also qualitativ hochwertigere und zuverlässigere, Produkte.[10]

Ein Paradebeispiel für die Anwendung der Wiederverwendbarkeit sind Referenzmodelle. Diese werden im Folgenden genauer betrachtet, erläutert und analysiert.

---

[10] Guretzky, B. von: Wissensmanagement und Software Engineering – Wiederverwendbarkeit, Paper, September 2001

3.2 Referenzmodelle

Referenz-Informationsmodelle (kurz: Referenzmodelle), die teilweise auch als Referenzsysteme bezeichnet werden, sind übergeordnete Modelle, die den Ausgangspunkt für spezifische Modelle bilden. Sie werden somit mit der Intention geschaffen, bei der Konstruktion weiterer Modelle wiederverwendet zu werden.

Wie der Name schon andeutet, enthalten diese Modelle eine Referenz, also einen Verweis oder Bezug auf andere Modelle und dienen dazu, allgemeingültige Empfehlungen auszusprechen.

Jan vom Brocke hat zwei spezielle Merkmale von Referenzmodellen herausgearbeitet[11]:

- Allgemeingültigkeit: Von einem Referenzmodell wird verlangt, dass es für verschiedene spezifische Unternehmensmodelle anwendbar ist und auch bleibt. Es sollte für unterschiedliche Bereiche gleichermaßen einsetzbar sein und nur durch zusätzliche Fähigkeiten ergänzt werden müssen.
- Empfehlungscharakter: Hiermit ist gemeint, dass Referenzmodelle gegenüber unternehmensspezifischen Modellen eine Vorbildfunktion einnehmen und somit als „Sollmodelle" dienen sollten.

Grundsätzlich werden zwei verschiedene Arten von Referenzmodellen unterschieden[12]:

- Vorgehens-Referenzmodelle (kurz Vorgehensmodelle): Modelle, die nur für eine kurze Zeit Verwendung im Unternehmen haben, wie beispielsweise die einmalige Optimierung eines bestimmten Geschäftsprozesses.
- Unternehmens-Referenzmodelle: Diese Modelle bilden regelmäßig wiederkehrende Situationen ab, die immer wieder erneut aufgegriffen werden und zur Lösung verschiedenster Problemstellungen herangezogen werden können. Diese Art von Referenzmodellen kann wiederum in zwei Gruppen unterteilt werden:
  a) Software-Referenzmodelle: Software-Referenzmodelle sind meist an eine (Standard-) Software gebunden und erlauben dem

---

[11] Brocke vom, J.: Referenzmodellierung – Gestaltung und Verteilung von Konstruktionsprozessen, Band 4, Logos Verlag Berlin 2003, S.31
[12] Becker, J., Rosemann, M.: Referenzmodellierung: State-of-the-art und Entwicklungsperspektiven, Birkhäuser, 1998, S.46

Anwender oberflächliche Änderungen vorzunehmen. Allerdings kann eine spezifische Anpassung an jeweilige Situationen nicht erfolgen.

b) Branchen-Referenzmodelle: Sie sind nicht an eine spezifische Software gebunden, sondern gelten eher als allgemeine Unternehmensmodelle, die dann auch als Ausgangspunkt für speziellere Modelle dienen können.

Die klare Einordnung in eine dieser Kategorien ist allerdings nicht immer eindeutig möglich. Es entsteht somit eine Zwischenzone, in der es vorkommt, dass ein Unternehmens-Referenzmodell zugleich auch ein Vorgehens-Referenzmodell sein kann.

3.3 Referenzmodellierung

Die Referenzmodellierung (auch: Referenz-Informationsmodellierung) ist ein spezielles Arbeitsgebiet der Informationsmodellierung, das sich mit Modellierungssprachen, -methoden, -werkzeugen und Referenzmodellen beschäftigt. Einer der wichtigsten Aspekte der Referenzmodellierung stellt die Wiederverwendung von Modellinhalten dar.[13]

Dem Modellierungsbegriff wird - im Gegensatz zum Modellbegriff - bislang weniger Aufmerksamkeit geschenkt. Intuitiv wird er als Entsprechung zum Modellbegriff verwendet. Möchte man allerdings eine explizite Definition einführen, wird die Modellierung meist als (Prozess der) Erstellung von Modellen gekennzeichnet.[14]

Die übergeordnete Aufgabe der Referenzmodellierung besteht darin, die „Akzeptanz von Referenzmodellen bei zugleich angemessenem Aufwand ihrer Erstellung zu gewährleisten"[15]. Außerdem stellt die Referenzmodellierung die Summe aller Handlungen dar, welche die „Entwicklung und Anwendung wiederverwendbarer Modelle (Referenzmodelle) zum Ziel haben"[16].

Abbildung 1 zeigt die grundlegenden Zusammenhänge der Referenzmodellierung im Hinblick auf die Modellkonstruktion.

---

[13] Brocke vom, J.: Referenzmodellierung – Gestaltung und Verteilung von Konstruktionsprozessen, Band 4, Logos Verlag Berlin 2003, S. 41

[14] Brocke vom, J.: Referenzmodellierung – Gestaltung und Verteilung von Konstruktionsprozessen, Band 4, Logos Verlag Berlin 2003, S. 24f

[15] Brocke vom, J.: Referenzmodellierung – Gestaltung und Verteilung von Konstruktionsprozessen, Band 4, Logos Verlag Berlin 2003, S. 38

[16] Dous, M.: Kundenbeziehungsmanagement für interne IT-dienstleister: Strategischer Rahmen, Prozessgestaltung und Optionen für die Systemunterstützung , DUV 2007, S.15

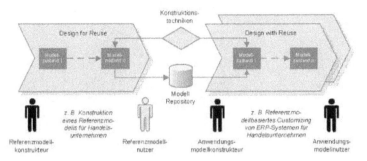

Abbildung 1: Referenzmodellierung[17]

Ein Prozess innerhalb eines Unternehmens besteht allgemein aus einem Modellkonstrukteur und einem Modellnutzer. Der Modellkonstrukteur entwirft mithilfe verschiedener Konstruktionstechniken ein Modell nach den Anforderungen eines Modellnutzers. Da sich beide Gruppen miteinander absprechen müssen, findet während der Konstruktion ein Zyklus statt, in dem immer wieder Änderungen an dem Modell vorgenommen werden, bis der Modellnutzer mit dem Ergebnis zufrieden ist. Auch kann ein bereits bestehendes Modell aufgrund einer Anfrage des Modellnutzers erweitert oder verbessert werden.

---

[17] Enzyklopädie der Wirtschaftsinformatik, Referenzmodellierung, http://www.enzyklopaedie-der-wirtschaftsinformatik.de/wi-enzyklopaedie/lexikon/daten-wissen/Informationsmanagement/referenzmodellierung, Zugriff am 30.08.2010

4. Untersuchungsansatz

4.1 Review

Die vorliegende Arbeit wurde nach der Review Methode erstellt. Der Review Begriff an sich ist breit gefächert und somit existieren auch viele verschiedene Sichtweisen. Diese Arbeit lehnt sich an den Beitrag von Cooper[18] an, da dieser allgemein am verbreitetsten ist und auch in der Literatur viel Anklang und Zustimmung findet. Demnach wird ein Review durch zwei wesentliche Merkmale definiert:[19]

1. Die Grundlage eines Reviews sind verschiedene Primäruntersuchungen, auf denen ein Review aufgebaut wird. Diese Untersuchungen werden zu einer oder mehreren, thematisch ähnlichen, Forschungsfrage(n) durchgeführt. Im Review selbst werden keine neuen primären Ergebnisse zur Forschungsfrage vorgestellt.

2. Das Ziel eines Reviews ist, die Ergebnisse einiger ausgewählter Primäruntersuchungen zu bewerten, zusammenzufassen, zu beschreiben, zu klären oder zu integrieren. Das Review kann sich dabei auf inhaltliche, methodische, theoretische oder auch andere Eigenschaften der Primäruntersuchungen stützen.

Cooper definiert die Vorgehensweise zur Erstellung eines Reviews mit Hilfe von sechs Schritten: „Focus of attention, goal of the synthesis, perspective on the literature, coverage of the literature, organization of the presentation and intended audience"[20] (Problemformulierung, Zielsetzung, Literatursuche, Literaturauswertung, Präsentationsvorbereitung, Bestimmung der Zielgruppe). Diese Schritte werden im Folgenden näher erläutert.

4.2 Vorgehensweise

Die Review Methode gliedert sich in die bereits erwähnten 5 Hauptbereiche, an denen sich auch diese Arbeit orientiert.

---

[18] Cooper, H.M.: Synthesizing Research – A Guide for Literature Reviews. 3.Aufl., Thousand Oaks et al. 1998.

[19] Fettke, P.:State-of-the-Art des State-of-the-Art - Eine Untersuchung der Forschungsmethode „Review" innerhalb der Wirtschaftsinformatik, Wirtschaftsinformatik 48 (2006) 4, S.258

[20] Cooper, H.M., Hedges L.V.: The Handbook of Research Synthesis, Russell Sage Foundation,1994, S.4

Der erste Schritt stellt die Problemformulierung dar, in der die Fragestellung ausformuliert, abgegrenzt und näher präzisiert[21] wird. Danach folgt die Literatursuche. Hier werden verschiedene Bibliotheken und Literaturdatenbanken nach entsprechenden Schlagwörtern, wie beispielsweise „Referenzmodell" oder „Wiederverwendbarkeit", durchsucht und die Literatur gesammelt. Im dritten Schritt, der Literaturauswertung, wird dann festgestellt, welche der gefundenen Schriften relevant für das Thema sind und Literatur, die sich als irrelevant herausstellt, kann nun abgegrenzt werden. Die relevante Literatur wird gegliedert, bedeutende Stellen markiert und danach nach Wichtigkeit sortiert. In der darauffolgenden Phase, der Analyse und Interpretation, werden die Ergebnisse der vorherigen Phase analysiert, wobei die Fragestellung, auf die sich das Review bezieht, immer im Vordergrund steht und ein ständiger Bezug hergestellt wird.[22] Als letzte Phase folgt dann die Präsentation der Lösungsansätze, wobei die Ergebnisse der Untersuchung aufbereitet, auf einander abgestimmt und der Öffentlichkeit präsentiert werden.

Man kann von vorneherein allerdings nicht von solch einem starren Ablauf ausgehen, es ist immer möglich, dass wieder Rückschritte zwischen den einzelnen Phasen erfolgen und somit ein zyklischer Ablauf entsteht.

---

[21] Fettke, P.: State-of-the-Art des State-of-the-Art - Eine Untersuchung der Forschungsmethode „Review" innerhalb der Wirtschaftsinformatik, Wirtschaftsinformatik 48 (2006) 4, S.260
[22] Fettke, P.:State-of-the-Art des State-of-the-Art - Eine Untersuchung der Forschungsmethode „Review" innerhalb der Wirtschaftsinformatik, Wirtschaftsinformatik 48 (2006) 4, S.258

5. Erweiterte Konzepte

5.1 Überblick

Da sich die Referenzmodellierung mit Modellierungssprachen, -methoden, -werkzeugen und Referenzmodellen beschäftigt, werden in diesem Kapitel die einzelnen Punkte genauer betrachtet. In Kapitel 3 wurde bereits auf den Begriff der Referenzmodelle eingegangen, da sie in sehr engem Bezug zu der Referenzmodellierung stehen und auch den Hauptaspekt der Referenzmodellierung darstellen. Dadurch können die Referenzmodelle zu den Grundkonzepten gezählt und müssen jetzt nicht mehr betrachtet werden.

5.2 Modellierungssprachen

Modellierungssprachen sind künstlich definierte Sprachen, die dazu dienen, Modelle, d. h. abstrahierende Beschreibungen, zu erstellen. Sie können auf formalen, semiformalen oder grafischen Beschreibungsmitteln basieren.[23] Bislang hat sich keine einheitliche Sprache in Theorie und Praxis etabliert, allerdings neben speziellen Sprachen für bestimmte Bereiche, wie beispielsweise für das Kölner Integrationsmodell (hier wurde ein eigenes, speziell auf das Modell abgestimmtes Modellierungskonzept entwickelt[24]), ist die standardisierte Unified Modeling Language (UML) die am weitesten verbreitete Modellierungssprache. Auch bekannt sind z. B. Petrinetze, Business Process Modeling Language (BPML) oder die ereignisgesteuerte Prozesskette (EPK).

Man kann allerdings feststellen, dass ein Trend zur Standardisierung der verwendeten Modellierungssprachen existiert. Beispielsweise greifen aktuelle Forschungen bzw. Projekte der Referenzmodellierung auf bereits vorhandene Sprachen zurück, sodass in der Regel keine von Grund auf neuen Sprachen mehr entwickelt werden. Bei dem Referenzieren auf bereits vorhandene Sprachen werden Konzepte verwendet, die man unterschiedlichen Sprachfamilien zuordnen kann. Beispielsweise werden Sprachen zur Datenmodellierung[25], Prozessmodellierung[26] und zur Objektmodellierung[27]

---

[23] Richter-von Hagen, C., Stucky, W.: Business-process- und Workflow-management – Verbesserungen durch Prozessmanagement, Vieweg+Teubner Verlag 2004, S.63

[24] Grochla, E.: Integrierte Gesamtmodelle der Datenverarbeitung – Entwicklung und Anwendung des Kölner Integrationsmodells (KIM),Wien 1974

[25] Hars, A.: Referenzdatenmodelle Grundlagen effizienter Datenmodellierung. Wiesbaden 1994

[26] Schütte, R.: Grundsätze ordnungsmäßiger Referenzmodellierung – Konstruktion konfigurations- und anpassungsorientierter Modelle. Wiesbaden 1998.

[27] Schwegmann, A.: Objektorientierte Referenzmodellierung – Theoretische Grundlagen und praktische Anwendung. Wiesbaden 1999

verwendet.[28]

Ehe man Modellierungssprachen zur Abbildung von Geschäftsprozessen entwickelt hatte, waren die Beteiligten in der Vergangenheit überwiegend auf die Verwendung der natürlichen Sprache bzw. auf unformalisierte Techniken zur Dokumentation angewiesen. Diese Techniken bergen jedoch die Gefahr in sich, dass Darstellungen nicht eindeutig und somit widersprüchlich sind. Außerdem ist eine Vollständigkeit der Informationsabbildung meist nicht nachprüfbar und zu unscharf. Mit den Modellierungssprachen wurde dann die Abbildung der Geschäftsprozesse strukturierter und besser nachvollziehbar. Allerdings sind einfache Modellierungstechniken wie z. B. Flussdiagramme, Netzpläne oder Organigramme allein nicht in der Lage, die Fülle der zu verarbeitenden Informationen im Rahmen einer Neugestaltung oder Reorganisation geeignet abzulegen und sie bei Bedarf abrufbar zu machen. Daher schuf man sogenannte Rahmenkonzepte bzw. Architekturen (Architektur integrierter Anwendungssysteme (ARIS), Computer Integrated Manufacturing Open System Architecture (CIMOSA) u.a.).[29]

5.3 Modellierungswerkzeuge

Man unterscheidet drei verschiedene Ausprägungen von Modellierungswerkzeugen:[30]

1. Werkzeuge die nur zur Visualisierung dienen (z. B. Microsoft Visio). Das Hauptaugenmerk liegt auf der Anwenderfreundlichkeit und einfachen Symbolen, die sich ideal den spezifischen Anforderungen eines Unternehmens anpassen.
2. Bei statischen Modellierungswerkzeugen können zusätzlich zur Visualisierungskomponente noch andere Informationen (beispielsweise Zeiten oder Kosten) eingegeben werden. Bei diesen Werkzeugen steht eine Datenbank im Hintergrund, die es ermöglicht, diese Daten auszuwerten und zu vergleichen.
3. Dynamische Modellierungswerkzeuge als letzte Ausprägung sind am Komplexesten. Sie besitzen zusätzlich noch Simulationsmöglichkeiten,

---

[28] Fettke, P., Loos, P.: Referenzmodellierungsforschung, Wirtschaftsinformatik 46 (2004) 5, S. 333
[29] Kuhn, A., Hellingrath, B.: Supply Chain Management – Optimierte Zusammenarbeit in der Wertschöpfungskette, Springer 2002, S. 102f
[30] Wagner, K.W, Patzak, G.: Performance excellence - Der Praxisleitfaden zum effektiven Prozessmanagement, Hanser Verlag 2007, S. 288

mit denen z. B. Bearbeitungszeiten oder Lieferzeiten von Prozessen berechnet werden können.

Das meist genutzte Anwendungsgebiet von Modellierungswerkzeugen liegt in der Abbildung von Geschäftsprozessen als Basis für optimierende Analysen. Die Werkzeuge stellen dazu verschiedene Methoden zur Prozessmodellierung zur Verfügung. Die Verwaltung der Prozessmodelle und aller darin enthaltenen Objekte erfolgt über ein Modellrepository. Die abgebildeten Prozesse können auf Schwachstellen wie Medienbrüche und Redundanzen überprüft werden. Moderne Modellierungswerkzeuge stellen komfortable Exportfunktionalitäten zur Verfügung, um Prozessmodelle inklusive der beinhalteten Aktivitäten und Attribute in ein Internet-Format zu überführen. Teilweise beinhalten die Werkzeuge anpassbare Vorlagen für den Internet-Export. Eine neue Generation von Modellierungswerkzeugen ermöglicht die Erzeugung und Verwaltung von Prozessmodellen über Browser-Technologie.

Leistungsfähige Modellierungswerkzeuge bieten eine Vielzahl von verfügbaren Methoden mit zahlreichen Elementen. Ausgewählte Werkzeuge dieser Kategorie warten mit Funktionalitäten auf, mit denen Prozesse, die in einer Methode modelliert wurden, automatisch in andere bereitgestellte Methoden überführt werden können.

Modellierungswerkzeuge zeichnen sich außerdem dadurch aus, dass sie für die Analyse und Auswertung von Prozessen verschiedene Skripte anbieten. Eine Suche nach Modellen und Objekten bzw. nach namensgleichen Objekten kann durchgeführt werden. Innerhalb eines Modells kann nach Objekttypen oder nach Objektnamen gesucht werden.

Einige Hersteller von Modellierungswerkzeugen haben das Methodenangebot über die Prozessmodellierung hinaus erweitert. Diese Produkte ermöglichen es dem Nutzer, Wissensstrukturdiagramme zu erstellen, die Wissenskategorien und dokumentiertes Wissen enthalten und untergliedern. Darüber hinaus können Wissenslandkarten gestaltet werden, die Wissensarten darstellen können, über die einzelne Mitarbeiter und Organisationseinheiten verfügen.[31]

5.4 Modellierungsmethoden

Durch den Einsatz einer, für das jeweilige Projekt geeigneten Modellierungsmethode lassen sich die Zusammenhänge und Sachverhalte der Realität in einem Modell abbilden. Lösungen können durch Anwendung

---

[31] Abdecker, A. et al.: Geschäftsprozessorientiertes Wissensmanagement - Effektive Wissensnutzung bei der Planung und Umsetzung von Geschäftsprozessen, Springer 2002, S.39f

spezifischer Methoden auf das Modell entwickelt werden. Dadurch kann man feststellen, ob die Lösung effizient und sinnvoll wäre und für die reale Welt geeignet. Stellt sich heraus, dass dies der Fall ist, kann die Lösung dann einmalig auf die Realität übertragen werden, ohne dass man zuerst verschiedene Szenarien anwenden muss, bis man die richtige Lösung gefunden hat.[32]

Modellierungsmethoden unterstützen die Modellbildung durch die Verwendung von Sprachkonstrukten (Modellierungssprachen), in der das Modell repräsentiert wird, und einer methodenspezifischen Vorgehensweise (Vorgehensmodell), die die notwendigen Schritte und deren zeitlich-logische Reihenfolge zur Entwicklung des Modells beschreibt.[33]

Häufig werden einzelne Methoden nicht isoliert betrachtet, sondern mit anderen verschiedenen Methoden zu einem Gesamtbild zusammengefasst. Es entsteht ein relativ vollständiger Modellierungsansatz, der den gesamten Prozess der Referenzmodellanwendung und -konstruktion, von Anfang bis zum Ende umfasst.[34]

In der Literatur werden verschiedene Methoden zur Referenzmodellierung vorgeschlagen. Dazu zählen beispielsweise Rapid Application Development (RAD), Structured Analysis and Design Technique (SADT), Nijssen's Information Analysis Method (NIAM) oder Joint Application Development (JAD).

---

[32] Goebel, D.: Modellbasierte Optimierung von Produktentwicklungsprozessen, Fortschritt Berichte VDI, Reihe 2: Fertigungstechnik Nr. 385, Düsseldorf 1996, S. 11

[33] Klabunde, S.: Wissensmanagement in der integrierten Produkt- und Prozessgestaltung- Best-practice-modelle zum Management von Meta-Wissen, DUV 2003, S. 52

[34] Fettke, P., Loos, P.: Referenzmodellierungsforschung – Langfassung eines Aufsatzes, Paper 16, Mainz 2004, S. 18

6. Aktuelle Entwicklungen und offene Probleme

6.1 Entwicklungen

Die Herausforderungen der Referenzmodellierungsforschung liegen zum einen im Bereich der Methodenentwicklung mit dem Ziel, adäquate Techniken zur Referenzmodellerstellung und -anwendung zu erhalten. Zum anderen ist die Formulierung von konkreten Referenzmodellen für verschiedene Domänen aktuell wie auch schon früher Schwerpunkt der Referenzmodellierungsforschung.[35]

In letzter Zeit steigt das Interesse sowie die Bedeutung der Referenzmodellierung immer mehr an, da Referenzmodelle in vielen Bereichen als ein Instrument zur Effizienz- und Qualitätssteigerung erkannt werden.[36]

Auf der 5. Fachtagung „Referenzmodellierung" 2001 in Dresden wurde ein neues Entwicklungsparadigma herausgearbeitet, die „Geschäftsregelorientierte Systementwicklung". Ausgelöst wurde dies durch neue elektronische Kontakt- und Vertriebskanäle wie beispielsweise ECommerce, MCommerce oder Call Center. Auswirkungen und Verbesserungen für die Unternehmen würden erreicht durch die Neu-Implementierung grundsätzlich identischer Funktionen in verschiedenen Systemen, um bisher vernachlässigte neue elektronische Kanäle besser zu unterstützen. Diese elektronischen Kanäle könnten in die Back-Office-Systeme integriert werden und die aus diesen Kanälen gewonnen Informationen könnten schnell und flexibel angepasst und eingepflegt werden.[37]

Die Referenzmodellierung geht somit auch auf Neuerungen in der Technik ein und versucht darauf zu reagieren, bzw. verschiedene Funktionalitäten sogar zu integrieren um für die Unternehmen eine möglichst große Anpassungsfähigkeit zu behalten.

6.2 Offene Probleme

Obwohl der Begriff der Referenzmodellierung mittlerweile seit etwa 20 Jahren geläufig und in vielen Unternehmen zu einem festen Bestandteil geworden ist, treten immer wieder Probleme auf, die ein Unternehmen bei der Entwicklung beispielsweise von Referenzmodellen zu überwinden hat.

---

[35] Becker, J.: Referenzmodellierung - Aktuelle Methoden und Modelle, Wirtschaftsinformatik 46 (2004) 5, S. 325
[36] FHS St Gallen, Referenzmodellierung, http://www.ipmsg.ch/~ipm/index.php?option= com_content&task=view&id=67&Itemid=96, 2009, Zugriff am 16.08.2010
[37] Referenzmodellierung 2001, 5. Fachtagung, 02. November 2001, Dresden

Explizite Konzepte zur Wiederverwendung von Referenzmodellen werden nur in wenigen Referenzmodellen definiert. Dies bedeutet, dass Referenzmodelle nur durch manuelles Kopieren wiederverwendet werden können. Dies stellt einen hohen Aufwand dar und birgt die Gefahr, dass Redundanzen entstehen können. Die Wiederverwendung wird allerdings zum Teil durch Modellierungskomponenten, die spezialisiert und auf die jeweilige Situation angepasst werden können, unterstützt.[38]

Einige Referenzmodelle sind nur eingeschränkt anpassbar und primär nur zur Wiederverwendung gedacht. Verwendet man im Unternehmen diese Referenzmodelle bzw. entsprechenden Standardsoftwaresysteme stellt sich die Problematik hinsichtlich des möglichen Verlustes von Wettbewerbsvorteilen.[39]

Wird ein Referenzmodell in einem Konstruktionsprozess wiederverwendet entsteht ein neues Modell, das allerdings in seiner Komplexität, durch hinzufügen von neuen Prozessen, Objekten oder ähnliches, zugenommen hat.[40] Hatte man als ursprüngliches Referenzmodell bereits eine komplexe Struktur, ist es nun meist schwierig, das Modell in seinem ganzen Umfang zu verstehen und eventuelle Fehler zu verbessern. Dies gilt insbesondere, wenn neue Mitarbeiter mit dem Modell arbeiten, die nicht beim Konstruktionsprozess involviert waren.

---

[38] Schlagheck, B.: Objektorientierte Referenzmodelle für das Prozess- und Projektcontrolling - Grundlagen - Konstruktion - Anwendungsmöglichkeiten. Wiesbaden 2000

[39] Ferschl F, et al.: Grundlagen der Wirtschaftsinformatik, Ausgabe 2, Birkhäuser 1978, S. 101

[40] Becker, J.: Referenzmodellierung: Grundlagen, Techniken und domänenbezogene Anwendung, Birkhäuser, 2004, S. 24

7. Aktuelle Software

7.1 Überblick

Aktuell sind bereits umfangreiche Module und Software auf dem Markt, die verschiedene Funktionen der Referenzmodellierung unterstützen können. Speziell für die Integration in BPM Suiten wurden Module entwickelt, die bei der Erstellung von Geschäftsprozessen mittels Referenzmodellen behilflich sein können.

Im weiteren Verlauf wird die Software der momentan bekanntesten Firmen genauer erläutert und detaillierter betrachtet, da diese in verschiedenen Unternehmen bereits eingesetzt wird.

7.2 SAP R/3 Referenzmodell

Mit Hilfe einer großen Anzahl von Modellierungsobjekten im R/3 Referenzmodell wird der Leistungsumfang eines Systems einheitlich und strukturiert abgebildet. Aus diesen Modellierungsobjekten wird dann das Prozessmodell aufgebaut, dem die entsprechenden Business Objekte und Organisationseinheiten zugeordnet sind.

Modellierungsobjekte sind[41]:

1) Komponente: Einzelne Bausteine, die in einer Komponentenhierarchie strukturiert angeordnet sind. Sie beschreiben den Leistungsumfang und die Funktionalität einer Anwendung
2) Szenario: Ein Muster eines Geschäftsprozesses, der innerhalb eines Unternehmens abläuft. Auch detaillierte Prozesse sind in einem Szenario enthalten um den Gesamtprozess möglichst genau abzubilden
3) Prozess: Wird in Form einer Ereignisgesteuerten Prozesskette (EPK) abgebildet. Prozesse beschreiben die Funktionen und die Reihenfolge in der sie durchlaufen werden, um die Aufgabenstellung zu realisieren.
4) Funktion: Die Funktion ist die kleinste abgeschlossene Funktionalität eines Systems
5) Ereignis: Das Ereignis löst eine oder mehrere Funktionen aus oder ist ein Ergebnis einer oder mehrerer Funktionen
6) Organisationseinheit: Eine Organisationseinheit gibt Auskunft darüber, auf welcher organisatorischen Ebene ein Geschäftsprozess durchgeführt werden kann

---

[41] SAP R/3 Referenzmodell,
http://help.sap.com/saphelp_45b/helpdata/de/d3/56e290415011d189ec0000e81ddfac/content.ht
m, Zugriff am 28.08.2010

7) Business-Objekt: Jedes Business-Objekt steht für ein zentrales Objekt aus der realen Welt und beschreibt einen ganzheitlichen betriebswirtschaftlichen Zusammenhang

Abbildung 2 zeigt den Zusammenhang der einzelnen Modellierungsobjekte und ihre Beziehungen untereinander, wobei eine gestrichelte Linie die Zusammensetzung eines komplexeren Objektes und eine durchgezogene Linie die Zuordnung zu Objekten darstellt.

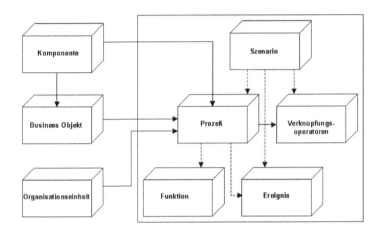

Abbildung 2: Modellierungsobjekte im SAP R/3 Referenzmodell[42]

Mit Hilfe dieser Modellierungsobjekte und durch die Verknüpfung einzelner zu einem Gesamtobjekt ist es möglich, ein komplettes Unternehmen mit seiner Aufbau- und Ablauforganisation zu beschreiben.

7.3 ARIS Value Engineering (AVE)

Die ARIS Referenzmodelle stellen ein umfangreiches Prozesswissen für eine Vielzahl von Unternehmen zur Verfügung. Sie geben Projektvorgehensweisen inklusive Arbeitspakete und Ergebnisse vor. Gleichzeitig stellen sie Prozess-

---

[42] SAP R/3 Referenzmodell,
http://help.sap.com/saphelp_45b/helpdata/de/d3/56e290415011d189ec0000e81ddfac/content.htm, Zugriff am 28.08.2010

modelle, angereichert mit Dateninput und -output und Messgrößen (KPIs) zum Benchmarking oder zur Performancemessung zur Verfügung. ARIS Value Engineering ist eines von verschiedenen ARIS Referenzmodellen, das auf themenspezifische Vorgehensmodelle für BPM-Projekte spezialisiert ist. In jedem Vorgehensmodell sind konkrete Arbeitspakete definiert, die nacheinander ablaufend den roten Faden durch ein BPM-Projekt bilden. Nach dem Baukastenprinzip lassen sich die Arbeitspakete in verschiedenen Einsatzszenarien wieder verwenden. So können abgearbeitete Pakete aus dem ARIS Value Engineering for Enterprise Architecture Vorgehensmodell in einem SOA-Projekt wieder verwendet werden.[43] Alle ARIS Value Engineering Vorgehensmodelle folgen in ihrem Aufbau dem Business Process Lifecycle. [44]

Das Prozesswissen, das in AVE vorhanden ist, stammt aus zahlreichen Erfahrungen mit Kundenprojekten, die in früheren Zeiträumen von der IDS Scheer AG durchgeführt wurden.

7.4 PROMATIS BPM Appliance

PROMATIS ist eine Entwicklung von Oracle und steht für das Zusammenwirken von Geschäftsprozessen und modernen Technologien. PROMATIS hat eine große Wissensdatenbank, die aus Geschäftsprozessmodellen besteht, in denen Abläufe, Regeln, Informationen und Organisationsstrukturen enthalten sind. Auf dieses Wissen können die Unternehmen dann bei der Modellierung ihrer Modelle zurückgreifen.

PROMATIS BPM Appliance ist eine Suite, die speziell entwickelt wurde um Unternehmen den Einstieg in das Business Process Management einfacher zu gestalten. Sie bietet eine einheitliche Umgebung für Design, Entwicklung, Ausführung und Monitoring von Geschäftsprozessen. Hierzu sind leistungsfähige und optimal aufeinander abgestimmte Produkte für Business-Anwender und Management ebenso wie für Prozessingenieure und Softwareentwickler enthalten.[45]

Das Unternehmen kann von einem breiten Prozesswissen profitieren, das aus mehr als 20 Jahren Methoden-, Produkt- und Lösungserfahrung besteht. Für

---

[43] IDS Scheer AG, ARIS Value Engineering, http://www.ids-scheer.de/de/ARIS/ARIS_Referenzmodelle/ARIS_Value_Engineering_/81747.html, Zugriff am 28.8.2010

[44] IDS Scheer AG, ARIS Referenzmodelle, http://www.aris.de/set/6473/EBPM_-_Hilt_-_Referenzmodelle_-_AEP_de.pdf, S.2, Zugriff am 28.8.2010

[45] Oracle Promatis, http://www.promatis.de/de/produkt-center/promatis-appliances/bpm-appliance.html, Zugriff am 29.8.2010

ausgewählte Branchen und Referenzprozesse stellt PROMATIS Best Practice-Modelle zur Verfügung, die ein Rapid Business Process Design ermöglichen.[46]

---

[46] Oracle Promatis, http://www.promatis.de/de/nc/promatis/promatis-insidei/
leistungsspektrum/oracle-iplusi/bpm-loesungen.html?sword_list[0]=referenzmodell,   Zugriff
am 29.08.2010

8. Erweiterung des Bezugsrahmens

8.1 Überblick

In diesem Kapitel werden die Zusammenhänge zwischen Referenzmodellen und dem Geschäftsprozessmanagement genauer betrachtet. Außerdem werden Anforderungen erhoben, die ein BPM –Tool erfüllen muss, damit Referenzmodelle durch das Tool abgebildet werden können. Die ausführliche Bedeutung und Definition des Geschäftsprozessmanagements wird im Dokument „Allgemeiner Bezugsrahmen" im Kapitel 2.2 erörtert. Daher wird auf das GPM selbst in diesem Kapitel nicht mehr eingegangen, sondern direkt auf den Bezug von Referenzmodellen und dem Geschäftsprozessmanagement.

Das gesamte Kapitel orientiert sich auch an dem BPM Lifecyle (vgl. Abbildung 3), der im Dokument „Allgemeiner Bezugsrahmen" auf Basis von Gegenüberstellungen verschiedenster Lebenszyklen in der Literatur erarbeitet wurde. Die Referenzmodellierung lässt sich in diesem Lifecyle in die Gruppe „definition and modeling" einordnen.

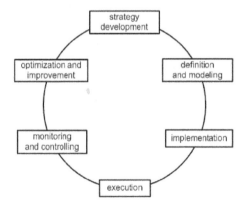

Abbildung 3: BPM Lifecycle

8.2 Referenzmodelle und BPM

Um diesen Lifecycle zu unterstützen werden im Geschäftsprozessmanagement Standardprozessmodelle, (auch: Referenzmodelle), eingesetzt, die zur Analyse, zum Entwurf und zur Implementierung betrieblicher Informationssysteme dienen. Die Referenzmodelle erhalten allgemeingültige Strukturen von Geschäftsprozessen und Daten, die für die Modellierung spezifischer Prozessmodelle geeignet sind. [47]

Durch das Einbinden von Referenzmodellen in das Geschäftsprozessmanagement entsteht ein klarer Vorteil. Referenzmodelle erhalten ihren Referenzcharacter durch eine breite Basis von Wissen, auf dem aufbauend sie ihre Empfehlungen aussprechen. Reichert man dieses Wissen nun mit Daten des GPM an, wie beispielsweise Zugang und Nutzung von Prozessen, können Referenzmodelle erstellt werden, die Hinweise auf die Konzeption, Wichtigkeit und Notwendigkeit von Geschäftsprozessen geben. Legt man diese Referenzmodelle dann in einer Datenbank ab, können auch Ablage- und Suchmöglichkeiten unterstützt werden. [48]

Eine Entwicklung in diesem Bereich ist das Werkzeug SETCOM (Semantisch reicher Thesaurus für kooperatives Modellieren). Es handelt sich dabei um eine Modellbibliothek, auf die über das Internet zugegriffen werden kann und insbesondere die Integration von Produkt- und Prozessmodellen unterstützt. [49]

8.3 Umsetzung von Referenzmodellen in BPM-Software

Je nach Zielsetzung der Referenzmodellbildung können unterschiedliche Werkzeuge (z. B. ARIS) und Methoden (z. B. Organigramme, Petri-Netze oder ereignisgesteuerte Prozessketten (EPKs)) zur Modellierung von Strukturen und Abläufen Verwendung finden.

Wie im vorherigen Kapitel gezeigt, bietet die Referenzmodellierung und Referenzmodelle im speziellen einen sichtbaren Mehrwert für die Geschäftsprozessmodellierung. Die Frage, wie BPM Suiten gestaltet werden sollten, damit Referenzmodelle dort geeignet eingebunden werden können, ist allerdings noch offen.

---

[47] Schmelzer, H.J, Sesselmann W.: Geschäftsprozessmanagement in der Praxis, Hanser Verlag, 2008 S.233

[48] Hofer-Alfeis, J.: Geschäftsprozessmanagement – innovative Ansätze für das wandlungsfähige Unternehmen, Tectum Verlag DE, 1999, S.39

[49] Hagemeyer, J., Rolles, R.: Managementkonzept für Referenzmodelle – GiPP Modellbibliothek, Tectum Verlag, 1999, S.42

Die Referenzmodellierung beschäftigt sich hauptsächlich mit der Definition und Modellierung von Modellen sowie mit fachlichen Anwendungen. (Dies wird auch in dem Dokument „Technologie Radar" noch einmal verdeutlicht.) Daher liegt im weiteren Verlauf dieses Kapitels auf diesen beiden Themenbereichen des BPM Lebenszyklus der Schwerpunkt der Betrachtung. Damit die Referenzmodellierung in BPM-Software optimal unterstützt werden kann, werden zum einen grundlegende allgemeine Anforderungen benötigt, die in jedem Tool vorhanden sein sollten. Darauf aufbauend gibt es zum anderen spezielle Anforderungen, die besondere Funktionen der Referenzmodellierung optimal integrieren können. Zuerst werden nun die allgemeinen Anforderungen betrachtet.

1) Modellierungssprachen: Es sollte die Möglichkeit geben, anhand verschiedener Modellierungssprachen beispielsweise ein Referenzmodell zu modellieren. Ist nur eine Modellierungssprache vorhanden, könnte es zu Problemen bei der Zusammenführung von Modellen geben, die aus verschiedenen BPM Suiten stammen und somit mit verschiedenen Modellierungssprachen erstellt wurden.

2) Schnittstellen: Wie im vorherigen Punkt bereits angemerkt, wäre es sinnvoll, dass Schnittstellen zu unterschiedlichen BPM Suiten vorhanden sind, in denen auch die Referenzmodellierung eingebettet ist. So könnten Referenzmodelle, die primär zur Wiederverwendung dienen, aus verschiedenen Suiten bezogen werden und dort verändert bzw. angepasst werden.

3) Datenbank: Um das Prozesswissen, das einem Referenzmodell zugrunde liegt, sinnvoll abspeichern zu können, damit die Geschäftsprozesse davon profitieren, müsste der BPM Suite eine Datenbank zugrunde liegen. Somit wäre gewährleistet, dass Suchanfragen schnell bearbeitet werden könnten, Ablagefunktionen gegeben sind und Redundanzen möglichst gering gehalten werden könnten

4) Modellierungswerkzeug: Es sollte die Möglichkeit geben, die erarbeiteten Modelle durch ein Modellierungswerkzeug darzustellen. Je nach Komplexität des Werkzeuges sind beispielsweise auch Simulationen möglich.

In der Abbildung 4 sind die allgemeinen Anforderungen in einer Tabelle zusammengefasst, angepasst an den Bezugsrahmen:

Anforderungen	Umsetzung
Modellierungssprachen	BPMN, UML, ERM, EPK, Organigramme…
Schnittstellen	Ja/Nein
Datenbank	Ja/Nein
Modellierungswerkzeug	Skala von 1-3, 1) Visualisierung, 2) statisch, 3) dynamisch

Abbildung 4: Anforderungen an BPM-Software

Darauf aufbauend gibt es auch spezielle Anforderungen, die im Folgenden genauer erläutert werden.

1) Referenzmodelle: Für ein Unternehmen ist es von großer Wichtigkeit, zu wissen, welche Referenzmodelle das jeweilige BPM Tool unterstützt. Je nach Orientierung des Unternehmens müssen verschiedenste Referenzmodelle zur Unterstützung der Geschäftsprozesse vorhanden sein. Daher sollte das BPM Tool möglichst viele unterschiedliche und gleichzeitig präzise Referenzmodelle integrieren, damit es in vielen verschiedenen Unternehmen eingesetzt werden kann.

2) Arbeitspakete: Bei der Planung eines Projektes stellen Arbeitspakte den roten Faden dar, der sich von Anfang bis Ende durch das Projekt zieht. Somit ist gewährleistet, dass bei jedem Schritt auch auf zukünftige Aktivitäten hingearbeitet werden kann und man trotzdem auf vorherigen Abläufen aufbauen kann. Ist es möglich, in einer BPM Software Arbeitspakete aufzuzeigen und abzuspeichern, können auch Unternehmen von außerhalb die Abfolge des Projektes einsehen und somit unternehmensübergreifend agieren.

3) Leistungskennzahlen: Mithilfe von Leistungskennzahlen können die mit Hilfe der Referenzmodelle erstellten Geschäftsprozesse optimiert und gegebenenfalls erweitert werden. Außerdem können plötzlich auftretende Engpässe aufgezeigt und behoben werden.

4) Fragenkataloge: Vorgefertigte Fragenkataloge können bei der Planung eines Projektes eine enorme Zeitersparnis bieten. Allgemeingültige Fragen, die auf viele verschiedene Projekte anwendbar sind (vergleichbar mit Referenzmodellen, die verschiedene Szenarien abbilden), können von vornherein geklärt und festgelegt werden, damit die Grundlage (sogenannte „harte Faktoren") für eine tiefergehende Projektplanung geschaffen ist.

In Abbildung 5 sind die speziellen Anforderungen zum Überblick noch einmal in einer Tabelle zusammengefasst.

Anforderungen	Umsetzung
Referenzmodelle	Arten, Anzahl, Umfang
Arbeitspakete	Ja/Nein
Leistungskennzahlen	Ja/Nein
Fragenkataloge	Ja/Nein

Abbildung 5: Spezielle Anforderungen an BPM-Software

9. Resümee

Der Begriff der Referenzmodellierung umfasst ein großes Gebiet von verschiedenen Themenbereichen, die zusammenwirkend Einfluss auf die Entscheidungen von Unternehmen besitzen. Da auch das Geschäftsprozessmanagement bis heute ein stetig steigendes Potential in diesem Bereich besitzt, war der Schritt zur Zusammenarbeit beider Bereiche nicht sehr weit.

Da die Referenzmodelle mit ihrem breiten Prozesswissen eine Fülle an Informationen für die Geschäftsprozessentwicklung bereitstellen, ist es notwendig geworden, verschiedene Suiten zu entwickeln, die beide Bereiche miteinander verbinden.

Wie man an der aktuellen Software erkennen kann, gibt es bereits erfolgreiche Entwicklungen von marktführenden Firmen, die das Business Process Management mit der Referenzmodellierung verbinden und die auch schon in verschiedenen Unternehmen eingesetzt werden.

Auch wenn bereits Software in diesem Bereich vorhanden ist, besteht noch immer Weiterentwicklungsbedarf. Meist sind die Suiten nur Ergänzungen zu Hauptprodukten oder gänzlich in ein anderes Produkt integriert. Auch ist die Fülle an verschiedenen Suiten eher gering bzw. eine einzelne Suite kann meist nicht unabhängig von einer Grundsoftware erworben werden.

Aufgrund der vielen Gemeinsamkeiten, die beide Bereiche miteinander verbinden und da beide Bereiche auch voneinander profitieren, wird auch in Zukunft eine Zusammenarbeit der Referenzmodellierung mit dem Geschäftsprozessmanagement stattfinden. Es könnten Anpassungen erfolgen, die die verschiedenen Vorteile auf beiden Seiten hervorheben und die Konflikte abschwächen. Somit ist nicht ausgeschlossen, dass beide Themengebiete in Zukunft noch enger zusammenrücken werden.

Literaturverzeichnis

Abdecker, A. et al.: Geschäftsprozessorientiertes Wissensmanagement – Effektive Wissensnutzung bei der Planung und Umsetzung von Geschäftsprozessen, Springer 2002

Becker, J.: Referenzmodellierung: Grundlagen, Techniken und domänenbezogene Anwendung, Birkhäuser, 2004

Becker, J.: Referenzmodellierung - Aktuelle Methoden und Modelle, Wirtschaftsinformatik 46 (2004) 5,

Brocke vom, J.: Referenzmodellierung – Gestaltung und Verteilung von Konstruktionsprozessen, Band 4, Logos Verlag Berlin 2003

Cooper, H.M.: Synthesizing Research – A Guide for Literature Reviews. 3.Aufl., Thousand Oaks et al. 1998.

Cooper, H.M., Hedges L.V.: The Handbook of Research Synthesis, Russell Sage Foundation,1994

Dous, M.: Kundenbeziehungsmanagement für interne IT-dienstleister: Strategischer Rahmen, Prozessgestaltung und Optionen für die Systemunterstützung , DUV 2007

Enzyklopädie der Wirtschaftsinformatik, Referenzmodellierung, http://www. enzyklopaedie-der-wirtschaftsinformatik.de/wi-enzyklopaedie/lexikon/ daten-wissen/Informationsmanagement/referenzmodellierung, Zugriff am 30.08.2010

Ferschl F, et al.: Grundlagen der Wirtschaftsinformatik, Ausgabe 2, Birkhäuser 1978

Fettke, P., Loos, P.: Referenzmodellierungsforschung – Langfassung eines Aufsatzes, Paper 16, Mainz 2004

Fettke, P., Loos, P.: Referenzmodellierungsforschung, Wirtschaftsinformatik 46 (2004) 5

Fettke, P.:State-of-the-Art des State-of-the-Art - Eine Untersuchung der Forschungsmethode „Review" innerhalb der Wirtschaftsinformatik,

FHS St Gallen, Referenzmodellierung, http://www.ipmsg.ch/~ipm/index. php?option=com_content&task=view&id=67&Itemid=96, 2009, Zugriff am 16.08.2010

GI-Proceedings, Referenzmodellierung 2003, Münster und Frankfurt am Main

Goebel, D.: Modellbasierte Optimierung von Produktentwicklungsprozessen, Fortschritt Berichte VDI, Reihe 2: Fertigungstechnik Nr. 385, Düsseldorf 1996

Grochla, E. et al.: Grundmodell zur Gestaltung eines integrierten Datenverarbeitungssystems: Kölner Integrationsmodell (KIM), 1971

Grochla, E.: Integrierte Gesamtmodelle der Datenverarbeitung – Entwicklung und Anwendung des Kölner Integrationsmodells (KIM),Wien 1974

Groß, A.: Referenzmodellierung: Klassifikationen und Beziehungen zu anderen Modellkonstruktionsansätzen, GRIN Verlag, 2009

Guretzky, B. von: Wissensmanagement und Software Engineering – Wiederverwendbarkeit, Paper, September 2001

Hagemeyer, J., Rolles, R.: Managementkonzept für Referenzmodelle – GiPP Modellbibliothek, Tectum Verlag, 1999

Hars, A.: Referenzdatenmodelle Grundlagen effizienter Datenmodellierung. Wiesbaden 1994

Hofer-Alfeis, J.: Geschäftsprozessmanagement – innovative Ansätze für das wandlungsfähige Unternehmen, Tectum Verlag DE, 1999

IDS Scheer AG, ARIS Referenzmodelle, http://www.aris.de/set/6473/EBPM_-_Hilt_-_Referenzmodelle_-_AEP_de.pdf, S.2, Zugriff am 28.8.2010

IDS Scheer AG, ARIS Value Engineering, http://www.ids-scheer.de/de/ARIS/ARIS_Referenzmodelle/ARIS_Value_Engineering_/81747.html, Zugriff am 28.8.2010

Klabunde, S.: Wissensmanagement in der integrierten Produkt- und Prozessge-

staltung- Best-practice-modelle zum Management von Meta-Wissen, DUV 2003

Kuhn, A., Hellingrath, B.: Supply Chain Management – Optimierte Zusammenarbeit in der Wertschöpfungskette, Springer 2002

Oracle Promatis, http://www.promatis.de/de/produkt-center/promatis-appliances/bpm-appliance.html, Zugriff am 29.8.2010

Oracle Promatis, http://www.promatis.de/de/nc/promatis/promatis-insidei/leistungsspektrum/oracle-iplusi/bpm-loesungen.html?sword_list[0]=referenzmodell, Zugriff am 29.08.2010

Richter-von Hagen, C., Stucky, W.: Business-process- und Workflow-management – Verbesserungen durch Prozessmanagement, Vieweg+Teubner Verlag 2004

SAP R/3 Referenzmodell, http://help.sap.com/saphelp_45b/helpdata/de/d3/56e290415011d189ec0000e81ddfac/content.htm, Zugriff am 28.08.2010

Schlagheck, B.: Objektorientierte Referenzmodelle für das Prozess- und Projektcontrolling - Grundlagen - Konstruktion – Anwendungsmöglichkeiten. Wiesbaden 2000

Schmelzer, H.J, Sesselmann W.: Geschäftsprozessmanagement in der Praxis, Hanser Verlag, 2008

Schütte, R.: Grundsätze ordnungsmäßiger Referenzmodellierung – Konstruktion konfigurations- und anpassungsorientierter Modelle. Wiesbaden 1998

Schwegmann, A.: Objektorientierte Referenzmodellierung – Theoretische Grundlagen und praktische Anwendung. Wiesbaden 1999

Wagner, K.W, Patzak, G.: Performance excellence - Der Praxisleitfaden zum effektiven Prozessmanagement, Hanser Verlag 2007